Max Tauch/Martina Wirsig

Maler sehen unser Land

Das Rheinland und Westfalen im Spiegel der Kunst

Mercator-Verlag

Inhalt

Titelbild (siehe auch Seite 91)
Westfälische Landschaft mit Bauernhof und Schafherde, 1890, Heinrich Deiters

CIP-Titelaufnahme der Deutschen Bibliothek
Tauch, Max; Wirsig, Martina:
Maler sehen unser Land: Das Rheinland und Westfalen im Spiegel der Kunst. – Duisburg: Mercator-Verlag, 1993
ISBN 3-87463-197-4

ISBN 3-87463-197-4

Vorwort

Maler sehen unser Land: seit Jahrhunderten zeichnen, skizzieren und malen Künstler an Rhein und Ruhr. Dieses kleine Stück Erde – wie vielen hat es Platz für seine Schilderung geboten. Immer wieder ist man von Neuem erstaunt über das Vollbrachte. Über Menschen, die künstlerisch tätig waren oder sind, in Städten und auf dem Land. Unmöglich, sie alle aufzuzählen, jeden zu nennen. Daß dieser Bildband nur eine Auswahl darstellt, versteht sich von selbst.
Nicht alle, die als Künstler in diesem Buch genannt sind, wurden auch hier geboren. Aber viele von ihnen fanden im Land an Rhein und Ruhr Heimat. Ihre Werke belegen den Wechsel der künstlerischen Aussage im Laufe der Zeit. Heute bewegt sich Kunst in Nordrhein-Westfalen im Spannungsfeld von Neuerung und Tradition, von Internationalität und Regionalität.
Wenn in dieser Veröffentlichung der Düsseldorfer Schule – zumindest für den Teil „Rheinland“ – ein besonderer Platz eingeräumt wurde, dann nicht zuletzt deshalb, weil es gilt, ihren Stellenwert neu zu bestimmen. Lange Zeit nach dem 2. Weltkrieg stand sie im Abseits. Doch viele, die ihr in der zweiten und dritten Generation zuzurechnen sind, zählen aus heutiger Sicht zu den Chronisten eines sich immer wieder verändernden nordrheinwestfälischen Stadt- und Landschaftsbildes. Zum anderen haben sie in ihren Werken bis auf heute bewahrte Grundzüge des von seinen großen Flüssen bestimmten Bundeslandes festgehalten.
Allen, die zum Gelingen diese Buches beitrugen, gebührt aufrichtiger Dank der Verfasser und des Verlages: den beteiligten Instituten und Sammlungen ebenso wie den privaten Besitzern. Besonders danken wir dem Westfälischen Landesmuseum für Kunst und Kulturgeschichte in Münster, der Galerie Paffrath, Düsseldorf, für ihre liebenswürdige und stets hilfsbereite Kooperation und dem Fotografen Walter Klein und seinen Mitarbeitern.

Maler sehen das Rheinland

„Weder Datteln noch Pomeranzen"

Besungen wurde und wird er immer wieder, der wunderschöne, deutsche Rhein. „Zu des Rheins gestreckten Hügeln, hochgesegneten Gebreiten, Auen, die den Fluß bespiegeln, weingeschmückten Landesweiten möget, mit Gedankenflügeln, Ihr den treuen Freund begleiten", dichtete Goethe 1815. Doch spätestens da, wo seit der Aufhebung der Rheinprovinz Nordrhein-Westfalen beginnt, endet die romantische Burg- und Bergherrlichkeit. Das Siebengebirge bildet gerade noch den letzten Ausläufer. Dann wird die Landschaft flacher, spröder. Ist das noch ein Thema für die Kunst? Zweifellos, die Vorstellung vom romantischen Rhein verknüpft sich mit den Tälern und Höhen oberhalb Bonns. Doch Freundschaftsbande malender und dichtender Künstler schlangen sich auch von Heidelberg bis Düsseldorf. Und die majestätische Metropole Köln fand zu allen Zeiten ihre Darstellung. Sei es, daß die Meister der Kölner Malerschule den unvollendeten Dom wirkungsvoll in die Kulisse der Ursula-Legende stellten, oder daß Oskar Kokoschka die Stadt vom Deutzer Messeturm aus in den Konturen der Nachkriegszeit festhielt.
Wie aber ist es mit Düsseldorf, mit Wuppertal, mit Duisburg, Xanten, Wesel? Für die Landeshauptstadt findet man noch am ehesten eine Vielfalt der Perspektiven und Aspekte. Meinte doch schon Aloys Schreiber in seinem 1818 erschienen „Handbuch für Reisende am Rhein von Schaffhausen bis Holland": „Übrigens hat der lange Besitz der herrlichen Bildergalerie in Düsseldorf einen recht lebendigen Sinn für Kunst zurückgelassen...". Aber die einst so stillen Städte des Niederrheins? Was ist mit dem Bergischen Land, dem Boom der Randsiedlungen vor den Toren der Großstädte, mit der Landschaft an der Erft, dem Braunkohlenrevier?
Es erscheint kaum möglich, ein auch nur einigermaßen erschöpfendes Urteil über die Sicht des Rhein-Ruhr-Gebietes durch malende Künstler abzugeben. Und dennoch, es gibt sie – die Bilder, in denen diese Region sich wiederfindet, in ihrer Geschichte, ihren Baudenkmälern, ihrer Landschaft, ihren Städten und Dörfern. Wenn auch eine solche Auswahl kein Urteil im allumfassenden Sinn möglich machen kann, so zeigt sie doch vieles auf: die Liebe zur Heimat, die Anhänglichkeit am Typischen, den Wert des Besonderen. Alles dieses zusammen ist Nordrhein-Westfalen, gewachsene, durch Jahrhunderte geprägte Landschaft ebenso wie Schmelztiegel und Zuflucht zu den Resten einstiger Stadtkultur. Da mischt sich Historisches mit völlig Neuem.
Nicht abzuschätzen ist die Zahl künstlerischer Arbeiten, die im Rheinland für private und öffentliche Auftraggeber im Laufe vieler Jahrhunderte entstanden. Geradezu unüberschaubar sind die Varianten, in denen der Rhein besungen, geschildert und beschrieben wurde. „Am Rhein wachsen weder Datteln noch Pomeranzen, aber wenn man Alles in Allem betrachtet, Vortheile und Nachtheile gegeneinander abwägt, so bleibt der Rhein immer eine Perle".[1)] Diese und andere Bemerkungen in den populären Reiseführern des

19. Jahrhunderts ergänzen die zu dieser Zeit besonders zahlreich entstehenden Rheinlandansichten. Unzählige Male wurde die Landschaft am Rhein gemalt, radiert, gestochen, gefilmt. Wurde sie in Vers und Prosa besungen. Tausende von Männerchören erprobten sich an ihrer Schönheit. Aber da gibt es auch die Melancholie weiter Ebenen, der pappelumsäumten Bäche, der Wiesen und Weiden. Wie vor Jahrhunderten träumt manches Dorf.

Der nicht zuletzt vom Patriotismus der Gründerzeit getragenen Begeisterungswelle für den Rhein folgte zu Beginn des 20. Jahrhunderts die Ernüchterung durch den Ersten Weltkrieg. Zwar waren auch die rheinischen Regimenter anfangs noch siegesbewußt und in der Hoffnung auf baldige Rückkehr mit Liedern auf den Lippen ins Feld gezogen. Doch der sich entwickelnde Graben- und Stellungskrieg ließ die frohen Weisen rasch verstummen. Kein Gedanke mehr an heitere Rheinromantik, Sehnsucht wohl nach der Heimkehr. „Für lange sind die sorglos schönen Tage am Rhein vorbei", hieß es.[2)]

Die Jahrtausendfeier der Rheinlande brachte 1925 eine erneute künstlerische Hinwendung zum Thema „Rhein". Im Zusammenhang mit den Jubiläumsfeiern rückte seinerzeit das neugegründete „Rheinische Museum" in Köln ins Blickfeld der Öffentlichkeit. Seine Einrichtung zog sich hin. Mit der Eröffnung am 21. Mai 1936 unter dem programmatischen Namen „Haus der Rheinischen Heimat" war ein vorläufiger Abschluß gefunden. Die Rheinromantik fand in größerem Zusammenhang ihre angemessene Darstellung.

Der Zweite Weltkrieg brachte die nächste Zäsur in der historischen und künstlerischen Auseinandersetzung mit dem Rhein. Wieder stand anderes im Vordergrund als die Hinwendung zu lieblichen Tälern und Landschaften: „... kaum ein Haus blieb stehen, kaum ein Baum erhalten, kein Acker, kein Weg ohne Minen, kein Bach harmlos."[3)] So wie es Heinrich Böll für die Eifel beschrieb, war es fast überall an Rhein und Ruhr. Kaum einer, der damals zu Pinsel und Palette griff, um romantischen Erinnerungen zu huldigen.

1961 widmete sich das Rheinische Landesmuseum Bonn in einer von Fritz Goldkuhle gestalteten Ausstellung unter dem Titel „Rheinische Landschaften und Städtebilder 1600 – 1850" wieder dem Rhein. Mehr als dreißig Jahre später ist das Thema erneut aktuell. Diesmal auch unter europäischem Aspekt. „Auf dem Weg in ein einiges Europa, das Schritt für Schritt entsteht, ist ein Blick, eine Reise über Grenzen völkerverbindend", schreibt Johannes Rau, Ministerpräsident des Landes Nordrhein-Westfalen, in einem Geleitwort zu der Bonner Ausstellung „... vom Zauber des Rheins ergriffen". Und er fährt fort: „Der Rhein, der im Laufe seiner Geschichte oft genug eine unüberwindbare, umkämpfte Grenze war, ist heute kein ‚Hindernis' mehr." Wo gelte dies mehr als am Niederrhein, wo die Grenzen fließend geworden sind und heute mehr denn je Kunst in jeder Form die Landschaft prägt.

Eigentlich richtig entdeckt haben den Rhein, zumindest als Touristen, die Engländer. Ann Radcliffe, berühmte englische Romanschriftstellerin, bereiste 1794 Holland und das Rheinland und teilte ihre Eindrücke in einer 1795 in London erschienenen ausführlichen Beschreibung mit. Die präzisen Schilderungen sind für die Kenntnis der damaligen Topographie von unschätzbarem Wert. Hinzu kommen ihre amüsanten Formulierungen. Sie setzt dem Niederrhein mit der Schilderung Xantens ein sprachliches Denkmal: „Mehrere enge Gassen öffnen sich zu einem reizenden Marktplatz, in dessen Mitte eine alte, aber kräftige Ulme ihre durch ein kreisrundes Geländer gestützten Zweige ausstreckt und so über ein paar Sitzbänken eine Laube bildet. An der Nordseite dieses Platzes steht eine Kathedrale; ein schöner Bau, der im Mondlicht der Mittsommernacht einen wundervollen Anblick bot, da die Stille nur von dem Geläut eines Klosterglöckchens, das die Mönche zum Gebet rief, und dem Flüstern des alten Ulmenbaums unterbrochen wurde."[4] Gustav Ruhnau hat nach dem 2. Weltkrieg die trotz gewaltiger Zerstörungen immer noch ausstrahlende Kraft des Xantener Doms auf seine Weise ins Bild gesetzt. Das Xantener Museum widmete ihm 1981 eine Ausstellung.

Die Reiselust der Engländer brachte im 19. Jahrhundert immer größere Massen an den Rhein. „Sind Briten hier?" – die Frage des Mephisto in der Walpurgisnacht – wird zum geflügelten Wort. So nimmt sich unter den Touristen des frühen 19. Jahrhunderts die Zahl der malenden Engländer recht stattlich aus. Sie stellen auch einen der berühmtesten Künstler, Joseph Mallord William Turner (1775 – 1851). Gleich von seiner ersten Rheinreise brachte er ein Skizzenbuch und 51 Aquarelle mit. Ihre atmosphärische Freiheit und Feinheit, das Zusammenspiel vager Andeutungen mit impressionistischen Lichteffekten unterscheidet sich von allem übrigen, was zu dieser Zeit entstand. Andere malende Engländer folgten ihm.

Der Bildungsbeflissenheit und dem Wunsch nach Information kamen jene Zeichner und Stecher entgegen, die den gedruckten Reiseführern zuarbeiteten und diesen die Möglichkeit der Ausstattung mit Abbildungen gaben. Von der künstlerisch perfekten Sicht des Rheintales im Leporelloformat bis zum einfachen, fast postkartenartigen und nahezu biedermeierlichen Erinnerungsblatt reicht die Skala. Hierher gehören auch die vielen individuellen Skizzen und Aquarelle, die in nahezu unüberschaubarer Zahl von bekannten und unbekannten Künstlern – oft in liebevoll naiver Weise, wie Reuters Schafherde vor Schwarzrheindorf – angefertigt wurden.

Daß das Malen, Aquarellieren und Zeichnen in freier Natur die Neugier der Ortsansässigen hervorrief, ist verständlich. Auch heute noch finden Künstler ihr Publikum. Ungewöhnlich allerdings ist ein Erlebnis, das reisenden Kunstinteressierten aus England im vergangenen Jahrhundert im niederrheinischen Neuss widerfuhr. In der Absicht, das in vielen Rheinführern gepriesene spätromanische Quirinusmünster in Skizzen und Fotos zu verewigen, hatten sie sich auf dem Vorplatz eingefunden. Doch etlichen Neusser Jugendlichen schienen die Fremdlinge suspekt. Mit Steinen empfingen sie die Reisenden, die später darüber berichteten.[5] Der Fall blieb die Ausnahme. Eher schon waren es Bettler, die von Touristen und Künstlern besonders in Köln als lästig und aufdringlich empfunden wurden. Rund um den Dom besaßen sie ihr Domizil in der Hoffnung, daß bei der Besichtigung des berühmten Torsos nicht nur Skizzen und Zeichnungen anfallen, sondern auch Bares für sie abfallen würde. 12.000 sollen es vor der Besetzung des Rheinlandes durch die Franzosen gewesen sein, „diese hatten ihre bestimmten Plätze, welche sich auf die Kinder vererbten."[6]

War der Kölner Dom vor allem für die malenden Reisenden aus benachbarten Ländern das erkorene Ziel künstlerischer Umsetzung, so sahen die einheimischen Maler mehr die im Verborgenen liegenden Schönheiten des Mittel- und Niederrheins. Von Düsseldorf aus erwanderte Wilhelm Schirmer die Umgebung, seine

Schüler folgten ihm. Noch zu ihren Lebzeiten fanden sie hierfür Anerkennung. Das „Rheinische Jahrbuch für Kunst und Poesie", zu dessen Herausgebern der berühmte Karl Simrock zählte, meinte 1840: „Wie in der holländischen Schule die Landschaftsmalerei vor Allem durch jene Künstler, welche die nackte Natur ihrer Heimat mit ihrem Mangel an üppiger Vegetation zum Vorbild nahmen, zu unübertrefflicher Vollkommenheit erhoben wurde, so wählen auch die Düsseldorfer mit Bewußtsein ihre Lieblingsmotive aus ihrer Umgebung: der Eifel, dem Hunsrück, den Ruhr-, Ahr- und Niederrhein-Ufern."[7] Zu den populären Künstlern jener Zeit zählt Johann Gottfried Pulian (1809 – 1875), der in enger Verbindung von Naturstaffage und Stadtarchitektur eine durch Abbildungen viel verbreitete Ansicht von Mönchengladbach schuf, ein gelungenes Beispiel dafür, welcher großen Beliebtheit sich Stadtdarstellungen im 19. Jahrhundert erfreuten. Ein anderer aus dem Umfeld Schirmers, Carl Hilgers (1818 – 1890), folgte der Ruinen- und Kirchenbegeisterung und schilderte das altes Gerresheim bei Düsseldorf.
Unerschöpflich scheint das Thema. Manches gerät in die Nähe des Kuriosen. Es ist heute kaum noch vorstellbar, welche Anziehungskraft die Rheinromantik auszuüben vermochte. Eduard Boettchers „Sommernacht am Rhein" zog zehntausende von Besuchern ins Kölner Wallraf-Richartz-Museum. 1864 durch die Stadt Köln direkt vom Maler erworben, traf es wohl wie kein anderes Gemälde die Vorstellung vom romantischen Rhein: Das frohe Beisammensein im lauschigen Wirtshausgarten, ringsum Ruinen, alte Häuser, Kirchturmspitzen, „der Mond ist aufgegangen". Im 20. Jahrhundert führte das Bild dann ein Dasein im Verborgenen. Nun rückten Rheinpromenaden in den Vordergrund, zuweilen am Niederrhein auch schon die Silhouetten schlot- und schornsteinbewehrter Städte. Nach dem Kriege fand man Boettchers romantisches Stimmungsbild in einer Abteilung des Kölnischen Stadtmuseums wieder, umgeben von ein bißchen Plüsch und vielfach zitiert als Beispiel schwärmerischer Rhein- und Weinseligkeit. Ähnlich widerfährt es den romantischen Empfindungen: sie kommen und gehen, „und ruhig fließt der Rhein".
Erst im 20. Jahrhundert werden die Darstellungen nüchterner, sachlicher. Industrie rückt ins Blickfeld. Vor und nach dem 1. Weltkrieg erfolgt eine fast völlige Abkehr vom idealistischen Naturbild romantischer Prägung. Hier und da existiert es zwar weiter, findet es auch seine Freunde. Doch in Ausstellungen und Galerien dringt deutlich Neues in den Vordergrund. Mehr als zuvor wird den Faszinationen der Natur im Medium der Farbe nachgespürt. Der Impressionismus setzt sich durch, ihm folgt die neue Sachlichkeit. Und doch bleibt ein Hauch der Romantik an Rhein und Ruhr, bleibt das Empfinden der Weite und Stille, die Freude an der (manchmal auch gefährlichen) Natur: „Dies ist das Land – vom Rhein durchströmt und immer doch ein Land: Land alter Städte mit den Mühlen auf den Mauern, mit den Türmen und Bastionen; Land mit den Pappelreihen, die nach Holland weisen, mit den Birkenstraßen in der Heide, wo im Herbst die roten Ebereschenbeeren leuchten; Land der Felderbreiten mit den großen Höfen..., Land der stillen Wasser..., Land des sagenhaften Stromes, der zum Arbeitsstrom geworden ist...".[8]

Max Tauch

Karl Simrock (1802-1876), in Bonn geborener Dichter und Germanist, gibt in seinem einst vielgelesenen Werk „Das Malerische und Romantische Rheinland“ die Erläuterung zu diesem Abschnitt des Rheintales, den der Österreicher Franz Richard Unterberger in unvergleichlich lockerer, impressionistischer Weise ins Bild setzte:
„Die fruchtbare Ebene zwischen Remagen und Sinzig wird die goldene Meile genannt. Von der Höhe, die sich nach dem Ahrtal zieht, beherrscht der Blick das vulcanische Rheintal von Andernach bis zum Siebengebirge.“
Das Gemälde entspricht der Vorstellung vom romantischen Rhein. Der breite Strom wird von Felsen und Bergen gesäumt, er windet sich vorbei an Burgen und Kirchen. In der Ferne grüßt, von vier spitzen Türmen überragt, St. Apollinaris. In heiterer Beschwingtheit der Form bildet die neugotische Architektur des Kölner Dombaumeisters Zwirner einen glücklichen Zusammenklang mit den bewegten Linien der Rheinuferhöhen. Sommerliche Heiterkeit liegt über der Landschaft. Ein ausgetretener Pfad führt zu einem Aussichtspunkt. Fröhlich schwenkt ein Wanderer seinen Hut zum Gruß gegen das Tal.

Franz Richard Unterberger (1838 – 1902)
Die goldene Meile. Der Rhein bei Remagen mit Apollinariskirche

Das Siebengebirge ist der Ausläufer des rauhen Westerwaldes. Hier zeigt sich die Romantik des Rheins wie kaum anderswo in wildzerklüfteten Hügeln. Schroff und kahl ragen sie empor. Ihre kühne Lage lud wie von selbst zum Bau von Burgen ein. Der Karlsruher Hofmaler Ernst Fries hat den Charakter dieser Landschaft wirkungsvoll erfaßt. Gleich einem Eckpfeiler ragt die Drachenfelsruine als scharfe Begrenzung des Gebirges über dem Strom empor.
Für den Bau vieler Kirchen im Rheinland lieferte der Drachenfels die Steine. Die Dome in Köln und Xanten wurden mit seinem Trachyt errichtet. Die Wertschätzung des Materials blieb bis in das 19. Jahrhundert hinein bestehen. Erst 1832 gebot die preußische Regierung dem ungehemmten Abbau Einhalt. Der Drachenfels wurde Staatsbesitz und blieb es bis heute.

Ernst Fries (1801 – 1833)
Ruine Drachenfels, 1821

Fest im Walde hätte Achenbach dieses Bild auch nennen können. Fernab von der Universitätsstadt, deren Konturen sich im Tal verlieren, hat eine Sängerschar mit ihrem Dirigenten unter den Baumriesen des Venusberges Aufstellung genommen. Es ist Sommer. Heugarben stapeln sich an den Hängen. Den auf dem Waldboden lagernden Wanderern gesellen sich Zecher hinzu. Aus respektvoller Entfernung betrachten zwei Kinder das fröhliche Geschehen. Detailliert gibt der Maler im Vordergrund die heimische Flora – Farne und Sträucher – an.
Noch heute ist der Standort ein beliebter Aussichtspunkt. Allerdings: die roten Ziegeldächer und das Fachwerk eines alten Bauernhauses sind längst der dichten Bebauung des Großraums Bonn gewichen.

Oswald Achenbach (1827 – 1905)
Blick auf Bonn, 1888

Ländliche Idylle am Rhein: Gehöfte und Scheunen, die mit spitzem Turmhelm zum Himmel weisende Kirche, Landleute, Schafe, ein Hirte. Schwarzrheindorf. Der Ort liegt rechtsrheinisch in der Nähe von Bonn. Kein Reiseführer läßt und ließ ihn aus: „Links sehen wir die Doppelkirche von Schwarz-Rheindorf (eine Kirche über der anderen), die Graf Arnold von Wied, Erzbischof von Köln, 1151 erbaute, der auch hier begraben ist; ein höchst merkwürdiger Bau.“ So 1868 Edwin Müllers in Berlin erschienene „Rheinreise“. Der Strom hat die Berge und Hügel verlassen, die Landschaft wird flacher. Die Hauskapelle, die der Kölner Erzbischof auf einem Gut weihte, steht im Schnittpunkt der historischen Wege niederrheinischer Architektur. Karolingische, ottonische und staufische Baugedanken, Vergangenheit und Zukunft begegnen sich hier. So wie Schwarzrheindorf gibt es viele, oft unbekannte Kostbarkeiten im Land an Rhein und Ruhr. Gesehen und gemalt von vergessenen Künstlern – wie dem nur durch eine Folge von Ansichten rheinischer Wasserburgen bekannten A. Reuter – und doch darauf harrend, immer wieder entdeckt zu werden.

A. Reuter (Mitte bis Ende 18. Jh.)
Schwarzrheindorf

Köln, das „Rom des Nordens“, die rheinische Metropole. „Daß Cöln, die ehrwürdige Colonia Agrippina der Römer, in seiner herrlichen Lage am Vater Rhein eine der ältesten Städte Deutschlands ist, die Pflegerin der Künste und des Handels – das ist nicht unbekannt. Jene alte herrliche Zeit ist verschwunden, aber viele ihrer schönen Werke erregen noch jetzt unser Erstaunen. Vor allem Cölns majestätischer Dom.“ Zitate aus Becks „Lebensbilder der Preußischen Rheinlande“, ein „belehrendes und unterhaltendes Lesebuch für Schule und Haus.“ Erschienen 1831 „zum Besten der Erziehungsanstalt für arme und verwahrloste Kinder zu Düsselthal bei Düsseldorf.“ Welch eine Symbiose! Die Beschreibung des Kölner Doms zu „Nutz und Frommen“ der Ärmsten in Düsseldorf! Die mittelalterlichen Tafelbilder erfüllten fast ähnliche Zwecke. Sie stellten für die des Lesens Unkundigen Ereignisse im Bild dar, so auch das Schicksal der englischen Königstochter Ursula und ihrer Gefährtinnen. Und da das Ganze sich vor den Toren Kölns ereignete, wurde die Silhouette der Stadt mit dem unvollendeten Dom gleich mitabgebildet. Dazu das Siebengebirge: Stadt und Land am Rhein vor einem halben Jahrtausend. Ein schönes, noch wenig bekanntes Dokument für die Verbundenheit der südniederländischen Meister mit der Stadt Köln.

Südniederländischer Meister
Martyrium der hl. Ursula vor der Stadtansicht von Köln, um 1500

Fernab vom Getriebe der Großstädte liegt im einsamen, von waldigen Höhen umgebenen Teil der Dhünn die ehemalige Zisterzienserabtei Altenberg. Deren hochgotische Kirche, 1821 bis 1833 teilweise eingestürzt und 1834 bis 1847 wieder aufgebaut, wurde mehrfach restauriert. Sie ist ein vielbesuchter Anziehungspunkt. Caspar Scheuren, in Aachen geboren und seit 1829 an der Düsseldorfer Akademie tätig, verstand es, den „Dom“ in seiner gleichzeitigen Schlichtheit und Monumentalität zu erfassen. Präzise zeichnet er die Strukturen des Maßwerks nach. Der Kirche untergeordnet sind die umliegenden Klosterbauten. Sie ducken sich in die Landschaft und machen ihr im Vordergrund nahezu gänzlich Platz. Nur der Zugang durch das schöne, noch heute bestehende Tor läßt erahnen, daß die vermeintliche Weltabgeschiedenheit keine endgültige war. Die getuschte farbige Federzeichnung wurde längere Zeit einem in Köln ansässigen Künstler, Georg Osterwald (1808 – 1884), zugeschrieben. Vergleiche mit anderen Arbeiten Scheurens lassen jedoch jeden Zweifel an seiner Urheberschaft schwinden.

Caspar Scheuren (1810 – 1887)
Altenberg

Das Land mit den Bergen, „wo die Wälder noch rauschen“, den Wupperauen und Dhünnwiesen – in der Bildenden Kunst muß man seine Spuren suchen. Der arbeitsame, fleißige Bergische hatte es mehr mit dem soliden Broterwerb als mit der Kunst. Dazu die Armut. 1802 berichtet der Landpastor Johann Moritz Schwager von einer Reise durch das Bergische Land, in Elberfeld habe sich eine Horde von mehr als 20 Armenschülern von 7 bis 14 Jahren zum Komplott organisiert, „Schinken, Würste, Semmel, Brantewein, Toback, Pfeifen etc. gestohlen...“. Dennoch, es gibt große Namen in Verbindung mit der Darstellung bergischer Landschaft und bergischer Städte. Einer von ihnen: Adolf Erbslöh. Die Kunsthalle Bremen besitzt von ihm seit 1955 das schöne Gemälde der Wuppertaler Schwebebahn aus dem Jahre 1912. Der Steg des weltberühmten „Transportbandes“ spannt sich über die Wupper, verschwindet hinter einer Kurve. Kräftige Farben lassen die oft so graue Industriestadt völlig anders erscheinen. Nur Schornsteine, die als schwarze Striche vertikale Akzente setzen, erinnern uns an bergische Betriebsamkeit.

Hans Günter Wachtmann vom Wuppertaler Museum: „Diese Hommage an das Wuppertal ist bis heute konkurrenzlos geblieben, es gibt keine andere Schwebebahn-Darstellung dieses Ringes, auch kein Bild, das eine andere Ansicht der Wupperstadt ähnlich qualifiziert wiedergäbe.“

Adolf Erbslöh (1881 – 1947)
Schwebebahn in Wuppertal, 1912

Von verhaltener Schönheit ist die Landschaft am Niederrhein, weit und flach. In der Zeit impressionistischer Freilichtmalerei wurde sie von vielen Künstlern entdeckt. In der Nähe der Großstädte Köln und Düsseldorf lockte Zons – auch das rheinische Rothenburg genannt – mit seinem unversehrten Mauerring und den Resten der mittelalterlichen Burganlage die Maler. Ähnlich anziehend wirkte Xanten. Man schätzte die steinerne Altertümlichkeit inmitten pappelgesäumter Wiesen und der von bescheidenen Weidenbäumen umgebenen Wasser des Altrheins.
Zons, die kurkölnische Zollstadt, ist heute immer noch ein beliebtes Ausflugsziel. „Zons, du gebrechliches stattliches Mauernest, steckengeblieben in einem Sumpf sturmloser Vergangenheit“ schrieb pathetisch der Dichter Alfons Paquet (1881 – 1944). Josef Kohlschein, geboren in Düsseldorf und gestorben in Neuss, liebte die äußerliche Idylle der kleinen Stadt und hielt – in einem charakteristischen Kolorit von Erdbraun und pastosen Tönen – ihr Erscheinungsbild in vielen Studien und Gemälden fest.

Josef Kohlschein (1884 – 1958)
Zons

Als letztes Zeugnis niederrheinisch-romanischer Kirchenbaukunst entstand in Neuss 1209 bis 1250 das Quirinus-Münster. Es zeigt bereits die Anfänge der Gotik. Noch immer prägt das eindrucksvolle Bauwerk – in einer am Niederrhein ungewöhnlichen Verbindung von romanischem Westturm und barocker Kuppel – die Silhouette der Stadt.
Als der junge englische Landschaftsmaler E. T. Compton 1868 am Rhein entlang zur Mosel und in die Eifel reiste, war dieser Teil Deutschlands schon seit mehreren Generationen ein bevorzugtes Gebiet für den englischen Tourismus. Ein breites, bürgerliches Publikum hatte im 19. Jahrhundert den Rhein als Inbegriff einer malerischen und romantischen Landschaft für sich entdeckt.
Compton begann bereits in jungen Jahren zu malen. Er war zunächst Autodidakt, erwarb dann jedoch eine Kunstschulausbildung. Dabei widmete er sich der in England besonders herausgebildeten Tradition der Aquarellmalerei. Das Neusser Quirinus-Münster setzte er malerisch in eine Landschaft, die so gar nicht an den Niederrhein denken läßt. Dabei blieb er den Einzelheiten durchaus topographisch treu: bis in das 20. Jahrhundert gab es noch die am Bildrand links durch Schornsteine angedeuteten Fabriken im Zentrum der Stadt, und auch die Turmspitzen rechs lassen sich zuordnen. So verbindet sich in diesem schönen Aquarell mit seinen Blau- und Ockertönen eine gefühlvolle romantische Sicht mit einer in den Einzelheiten realistischen Auffassung.

Edward T. Compton (1849 – 1921)
Das Quirinus-Münster zu Neuss

Der Blick geht über einen Hof auf die Gerresheimer Stiftskirche. Das Bild ist ein bau- und kulturhistorisches Dokument. Es zeigt Ausschnitte aus einer sich formenden Stadtlandschaft. Die liebevolle Sorgfalt, mit der Einzelheiten registriert sind, artet jedoch nicht aus in ein pedantisches Aufzählen. Wohl macht sich eine bewußte Romantisierung bemerkbar, besonders in den Nuancen der Farbtöne.

Hilgers mochte die Thematik mittelalterlicher Burgen und Kirchen. Bei Gerresheim brauchte der an der Düsseldorfer Akademie ausgebildete Künstler, der gerne nach Holland, Belgien und Frankreich fuhr, nicht weit zu reisen. Der Ort, heute zu Düsseldorf zählend, lag gewissermaßen vor der Haustür. Die dreischiffige Basilika des ehemaligen hochadeligen Damenstiftes wurde 1236 geweiht. Der mächtige achteckige Vierungsturm verleiht der Kirche Höhe – wie in Neuss ein Zeichen beginnender Gotik. Fenster und Blendarkaden dagegen bewahren noch den runden Bogen der Romanik.

Das stimmungsvolle Gemälde ist bezeichnend für die bis in unsere Zeit bewahrte, die Landschaft prägende Kraft rheinischer Kirchenbauten.

Carl Hilgers (1818 – 1890)
Gerresheim, 1881

Der Rhein war und ist Europas wichtigster Schiffahrtsweg. Die Dampferromantik allerdings ist längst moderner Technik gewichen. Nur in der Erinnerung lebt sie fort. Andreas Achenbach hat ihr mit seinem Bild ein Denkmal gesetzt. Aus den Schiffsschornsteinen steigt der Rauch in die Luft. Eine Aufschrift macht die Herkunft eines der Ungetüme deutlich und erinnert an die Verbindung der großen niederrheinischen Städte miteinander: Ruhrort. Das Bild ist zugleich ein Dokument der ehemaligen Düsseldorfer Uferlandschaft: sie wird an dieser Stelle eingeengt durch Häuser mit vorgebauten Ecken und unregelmäßigen Giebeln. Die Uferbefestigung ist schlecht und ausgewaschen.
Andreas Achenbach wurde 1815 in Kassel geboren, kam mit den Eltern nach St. Petersburg, wo er früh Zeichenunterricht erhielt und war seit 1823 in Düsseldorf. Aus Stimmung und Farbwahl des Bildes spricht die selbständige Weiterbildung, die er durch Reisen an die Küste und die Begegnung mit der niederländischen Malerei des 17. Jahrhunderts erhielt. Ohne dem Professorenkollegium der Düsseldorfer Akademie anzugehören, war er der berühmte Landschaftsmaler der Düsseldorfer Malerschule, der in der zweiten Hälfte des 19. Jahrhunderts mit neuen künstlerischen Mitteln deren Tradition fortführte.

Andreas Achenbach (1815 – 1910)
Am Kohlentor, 1879

Ein Sommertag am Rhein in Düsseldorf. Radschläger demonstrieren promenierenden Spaziergängern ihre Kunst. Lässig lehnen an der Uferbrüstung Zuschauer, die das Kommen und Gehen an den Ausflugsdampfern verfolgen. Rheinseitig, vor St. Lambertus und dem Schloßturm, das vielen alten Düsseldorfern vertraute „Düsselschlößchen", ein beliebtes Weinlokal. Zu allen Zeiten hat der Rhein eine magische Anziehungskraft besessen. „Man muß nicht Deutscher sein, um die Traurigkeit, die Schönheit, die Schwermut gewaltig zu fühlen, aber man begreift leicht die schwärmerische Liebe, die diese Ufer im Herzen eines Deutschen erwecken, dessen Geburtsland sie sind. Alles, was von Künstlern und Dichtern geschaffen worden ist – es hat hier an diesen Wassern hohe Begeisterung und vaterländischen Stolz gefunden." (Hippolyte Durand, Le Rhin allemand, Tours 1865)

Johannes Gehrts (1855 – 1921)
Promenade am Rheinufer, 1920

Wie eine Hafenstadt am Meer wirkt Düsseldorf auf diesem Bild: vor der Silhouette der Stadt eine weite Wasserfläche. Ein Dampfer schäumt durch die Wellen. Der Künstler des Bildes, Wilhelm Schreuer, wurde in Wesel geboren, wuchs ab 1874 in Köln auf und bezog 1890, nach Studien an der Akademie, ein eigenes Atelier in Düsseldorf. Da hatte sich die Künstlerstadt bereits entschieden in eine Handelsstadt verwandelt und war auf dem Weg zur Wirtschaftsmetropole des Niederrheins. Der Rhein begann, die große Wasserstraße zu werden – mit Schleppkähnen und Schraubendampfern, denen die Schubschiffe unserer Tage folgen sollten.

Wilhelm Schreuer (1866 – 1933)
Blick auf Düsseldorf

Malerisch erhebt sich auf einer Anhöhe über dem niederrheinischen Tiefland das alte Gladbach, seit 1958 offiziell Mönchengladbach. An die ostwärts gelegenene Hauptpfarrkirche St. Mariä Himmelfahrt mit ihrem spitzen Turm, die auf der höchsten Erhebung steht, schließt sich, noch mit barocker Turmhaube, die Münsterkirche St. Vitus an. Dicht rücken am Berghang die Häuser zusammen. Erst im Vordergrund weitet ein Weg sich in die Landschaft, versteckter Hinweis auf die zentrale Lage Gladbachs seit dem Mittelalter. In Zeiten kriegerischer Auseinandersetzung gereichte dies der Stadt zum Nachteil. Stets wurde sie von durchziehenden Truppen berührt, besetzt und geplündert. Heute bezeugen nur noch geringe bauliche Reste den einstigen Besitz von Abtei und Territorium Gladbach. Das Bild verrät von allem diesem nichts. Es steht ganz in der Tradition romantischer Stadtansichten des 19. Jahrhunderts. Dem Maler geht es weniger um eine detaillierte Aufzählung ehrwürdiger mit der Geschichte verknüpfter Bauwerke als vielmehr um die Wiedergabe eines Gesamteindrucks von einem einzigen Blickpunkt aus. Dabei verbindet sich die Naturstaffage im Vordergrund mit der Stadtarchitektur, die den Hügel besetzt hält.

Die neu erwachte Begeisterung für die Vergangenheit ließ vor 150 Jahren viele solcher Bilder entstehen. Burgen und Kirchen waren gefragte Motive, sie schmückten die Wohnstuben ebenso wie Salons und Gesellschaftsräume.

Pulian kam aus Meißen an den Rhein. In seiner Heimat war er bereits romantischen Bauwerken begegnet. Er lernte an der Zeichenschule der Meißner Porzellanmanufaktur die Vedutenmalerei und wurde Schüler von Ludwig Richter. Später kam er an die Düsseldorfer Akademie. Er schuf Ansichten aus dem ganzen Rheinland.

Gottfried Johann G. Pulian (1809 – 1875)
Blick auf Mönchengladbach von Süden, 1856

Eine schneebedeckte Ebene, von einem Weg durchzogen, Kopfweiden. Darüber der Himmel der Unendlichkeit. Winter am Niederrhein. Kein Bauwerk stört. In der Weite des Landes, vom Schnee verhüllt, ruhen die Felder.
Max Clarenbach war ein Meister winterlicher Darstellungen. Anregungen hierzu mochten ihm in seiner Jugend im Neusser Hafen und durch zwei Winteraufenthalte mit Gustav Wendling, einem Maler friesischer Herkunft, in Kaub vermittelt worden sein. Dort machten beide Studien zu „Blüchers Rheinübergang", einem großen Rundgemälde.
Geboren zu Neuss als Sohn eines Hafenmeisters, kam der talentierte Max Clarenbach bereits mit 13 Jahren zur Düsseldorfer Akademie. Er wurde Meisterschüler Dückers und 1917 dessen Nachfolger. In Wittlaer fand er ein bleibendes Domizil. Hier, zwischen Düsseldorf und Duisburg, erlebte und malte er die sich mit den Jahreszeiten wandelnde Landschaft: blühende Gärten, Wiesen, Felder, Weiden und den Strom. Die Winterlandschaft jedoch blieb die für ihn typischere. Nebel und Schneeluft, klingender Frost, klirrendes Eis auf den Pfützen – das ging durch ihn in die Landschaftsmalerei des Niederrheins ein. Ein zuweilen flockig-weicher Spätimpressionismus wurde dabei die für Clarenbach gemäße Ausdrucksform.

Max Clarenbach (1880 – 1952)
Winterlandschaft bei Wittlaer, 1909

Die Niederlassung der Schwerindustrie, die Fertigstellung des Rheinkanals und der Anschluß an die Eisenbahn bilden im 19. Jahrhundert Ereignisse, die prägend auf Duisburg einwirkten und der Stadt ein bis heute unverwechselbares Bild verliehen. Das empfand auch Robert Gerstenkorn, als er 1955 das Gemälde „Duisburger Hafen“ schuf.
Kein Panorama, wie man es von anderen Städten im Rheinland kennt. Nichts von der Weitläufigkeit moderner Industrieanlagen. Hier herrscht drangvolle Enge. Kahn an Kahn reiht sich im Hafen, Schuppen, Silos und Fabriken erscheinen unter einem leicht dunstigen, in seltsamen Tönen schimmernden Himmel. In dem sorgfältig ausgewählten Ausschnitt regeln Ordnungslinien einen strengen Bildaufbau. Die Horizontale der Hafengebäude wird durchbrochen von den hoch aufragenden Schloten und Kaminen. Eine breite Mole bildet am unteren Bildrand eine von links nach rechts verlaufende schräge Fläche. Niemand ist auf ihr zu sehen. Hier geht der Mensch unter in einer ihn fast bedrohenden Umgebung. Auch das ist rheinische Landschaft.
Der Künstler, 1877 in Wetzlar geboren, Mitbegründer des mittelrheinischen Künstlerbundes „Das Boot“ und 1965 in Bonn gestorben, erweist sich mit diesem Bild als Vertreter eines späten sachlichen Realismus.

Robert Gerstenkorn (1877 – 1965)
Duisburger Hafen, 1955

Es dringt in Wiesen, füllt Gräben und kriecht in die Büsche: das Altwasser. Überall da, wo der Rhein im Lauf der Jahrhunderte sein Bett verändert hat, trifft man es an. Langgestreckte Täler besetzt es, und bei Überschwemmungen werden harmlos scheinende Laachen schnell zu reißenden Wassern, die Sträucher und Äste wie Schiffe und Flöße davontragen. Im Sommer und Herbst dagegen bietet es den Fischern in ihren Nachen Gewähr für einen glücklichen Fang.
Das Bild von Helmuth Liesegang – es gilt als ein Hauptwerk – widmet sich dem Thema, ohne topographisch genau eine bestimmte Stelle zu bezeichnen. Hinter hohen Pappeln erahnt man am Horizont ein niederrheinisches Dorf. Eine Windmühle – kaum erkennbar – weist auf die Nähe Hollands hin. Keilförmig schiebt sich, breit die untere Bildhälfte füllend, ein Kahn in das den Uferrand bildende Schilf. Ein Fischer richtet sein Fanggerät, eine Reuse.
Helmuth Liesegang, geboren in Duisburg und aufgewachsen in Kleve, studierte in Düsseldorf bei Peter Janssen (1844-1908) und Eugène Dücker (1841-1916). In Katwijk begegnete er Max Liebermann. Die Motive seiner vom Impressionismus beeinflußten Landschaftsschilderungen suchte und fand er fast ausschließlich am Niederrhein.

Helmut Liesegang (1858 – 1945)
Altwasser am Niederrhein, 1899

Stille und Friede der Landschaft am Niederrhein täuschen: es gibt sie, Sumpf- und Moosgegenden, deren holzige Vegetation nicht überall durchschaubar ist. Romantisch Wasser und Wald verknüpfend, hat Johann Wilhelm Schirmer solchen Regionen seine Aufmerksamkeit gewidmet. Manches geheimnisvoll Anmutende in dem Bild, von dem es zahlreiche Varianten gibt, läßt an Arnold Böcklin denken, auf den in seinen jungen Jahren Schirmer Einfluß nahm und dessen Lehrer er bis 1847 war.
Die solide Grundlage des Malenkönnens hatte der aus Jülich stammende Sohn eines Buchbinders bei Friedrich Wilhelm von Schadow (1788-1862) erlernt. Nach einer Lehrtätigkeit an der Düsseldorfer Akademie übernahm er 1854 die Leitung der neugegründeten Kunsthalle in Karlsruhe. Während seine frühen Bilder noch eine romantische Richtung zeigen, nähert er sich später der impressionistischen Malweise. So gilt er als Vermittler zwischen Romantik und Naturalismus. Kurz vor seinem plötzlichen Tode schrieb er 1863 seine Lebenserinnerungen nieder. Anschaulich schildert er darin die Jahre der Kindheit in Jülich und die der Ausbildung in Düsseldorf, nennt die Themen der Studien und Kompositionen und spart nicht mit Erläuterungen: „Der in meinem gegenwärtigen Entwicklungsstadium eingeprägte Grundsatz, daß man alles in Gottes schöner Natur darstellen dürfe, wenn man es nur recht treu und genau ausführe, leitete mich dabei...“. Schirmer gilt als Jülichs großer Sohn und Düsseldorfs berühmter Landschaftsmaler.

Johann Wilhelm Schirmer (1807 – 1863)
Gewittrige Sumpflandschaft, um 1853

Im Schwalmtal findet man sie noch, im Reichswald, ja, eigentlich verstreut am ganzen Niederrhein: die eingeschossigen, langgestreckten Häuser mit großem Dach und abgeknicktem Walm. Für Helmuth Liesegang die willkommene Hintergrundkulisse für eine Schafherde. Der Boden mit seinen kraftvollen Reflexen wirkt schwer, fast moorig. Ein Baumriese reckt sein Geäst gegen den Wind. Geduckt bewegt sich die Herde fort, sie erscheint mit der Erde fest verwachsen. Ihre Körper sind mit wenigen pastosen Pinselstrichen modelliert.
Mit seiner Malweise löst sich Liesegang vom traditionellen Detailrealismus der Düsseldorfer Schule und findet zu einem naturalistisch-impressionistischen Individualstil. Damit gehört er neben Eugen Kampf, Olof Jernberg und Heinrich Hermanns zu einer Gruppe von jungen Künstlern, die gegen Ende des 19. Jahrhunderts neue Ideen in die Düsseldorfer Landschaftsmalerei einbringt.

Helmut Liesegang (1858 – 1945)
Schafherde am Niederrhein

Fröhliche Kahnfahrten und romantische Bowlenabende, diese Wiedergabe eines bunten Lebens am Rhein sucht man bei den Schilderern der Landschaft um Xanten und Wesel vergebens. Der breite Fluß steht im Vordergrund, der Kahn oder Schlepper, der geduldig am Ufer sitzende Angler. Niederrhein – das ist ein Stück Endlosigkeit und Weite, höchstens von den Geräuschen der Schiffe durchbrochene, aber kaum gestörte Ruhe. Eine solche Atmosphäre mochte einem Künstler liegen, der seine Jugendjahre in Hamburg verbrachte und hier mit den Themen Schiffahrt und Wasser in Verbindung kam: Fritz Köhler. Ab 1913 wurde er in Düsseldorf tätig, wo er sich, wie der rheinische Kunstkritiker und Kunsthistoriker Walter Cohen in den zwanziger Jahren bemerkte, „durch die grundgediegene, gelegentlich eine gewisse Nüchternheit nicht scheuende Art seiner die niederdeutsche Landschaft bevorzugenden Malerei bald eine geachtete Stellung schuf." Sein Niederrheinbild steht in einer ganzen Folge ähnlicher „Flachlandschaften" mit tiefliegendem Horizont.

Fritz Köhler (1887 – 1972)
Niederrhein

Der im Sommer oft auf eine schmale Fahrrinne verengte Fluß wird nach Regen und Schneeschmelze zum bedrohlichen Strom, auch heute noch. Hochwasser und Überschwemmung sind keineswegs nur Ereignisse der Vergangenheit. Das Rheinland lebt mit solchen Naturvorgängen.
Wilhelm Lommen, kaum bekannt, ist einer der wenigen Düsseldorfer Maler des 19. Jahrhunderts, die sich in ihren Bildern auch der Welt harter Arbeit widmen. Allerdings nicht jener in Fabriken, sondern dem noch von Menschenhand verrichteten Tun in freier Natur. In dem Gemälde „Überschwemmung“ hält er die mühsame Plackerei beim Deichbau fest. Dic Kraft der Wassermassen droht das Reisiggeflecht immer wieder zu zerstören. Doch unermüdlich gehen die Männer ans Werk.
In der topographisch nicht genau zu bestimmenden Darstellung markieren Kirchtürme und eine Windmühle den Hintergrund. Das Gemälde öffnet den Blick für den Charakter und die Schönheit der schlichten Welt am Niederrhein mit ihren in den Ablauf der Naturereignisse einbezogenen Menschen. Trotz des bedrohlichen Vorganges der Überschwemmung ist das Bild nicht dramatisch, sondern eher romantisch erzählend. Der Maler ist zum Chronisten geworden. Der Bekanntheitsgrad Lommens ist zu Unrecht hinter dem anderer Düsseldorfer Akademieangehöriger zurückgeblieben.

Wilhelm Lommen (1839 – 1895)
Überschwemmung am Niederrhein, 1878

Bevor der Rhein die Niederlande erreicht, säumen noch einmal Hügel den Strom. Bei Kleve – alte, einst prächtige Herzogsstadt – grenzt der Reichswald an den Fluß, von den Höhen grüßt der wuchtige Turm der Schwanenburg.
So wie Franz Richard Unterberger in seiner „Goldenen Meile" die Romantik des Mittelrheins erfaßte, so vermittelt Johann Bernard Klombeck in diesem Bild die Atmosphäre des unteren Niederrheins. Klombeck, in Kleve geboren und tätig, stand ganz in der Tradition der holländischen Kunst, die im Zeitalter der Romantik eine Neubelebung erfuhr. Beliebtes Sujet war das leicht zu erreichende benachbarte Klever Land. Auch Barend Cornelis Koekkoek (1803 – 1862) aus der holländischen Malerdynastie Koekkoek und Lehrer von Klombeck fand den Weg nach Kleve. Hier reizte ihn besonders der anmutige Wechsel von Berg und Tal. Koekkoek wurde zu einem der bedeutendsten Landschaftsmaler des 19. Jh., der zauberhafte Ansichten von Kleve schuf.
Der Einfluß des Meisters auf seinen Nachfolger Klombeck ist im Bild unverkennbar: die malerische Sicht von der Höhe auf das in der Ferne liegende Kleve, die Leuchtkraft und Durchlässigkeit des Himmels, die technische Sorgfalt auch in der Ausführung der Details wie der Personen und der Schafherde im Vordergrund.

Johann Bernard Klombeck (1815 – 1893)
Blick auf Kleve vom Klever Berg, 1841

Maler sehen Westfalen

Die Entwicklung der Landschaftsmalerei zu einer eigenständigen Gattung deutet sich im 16. Jahrhundert an, als Reiseeindrücke der Künstler Eingang in ihre Skizzenbücher fanden, um später in Gemälden religiösen Inhaltes integriert zu werden. Seit dem 17. Jahrhundert ist die Landschaftsmalerei als eigenständige Gattung in der Kunst der Niederlande etabliert. Am Beispiel des Jacob van Ruisdael läßt sich erkennen, daß dem Künstler die naturgetreue Darstellung nicht genügt. In seinen Bildern überhöht er die Wirklichkeit und formt sie poetisch um. Für Ruisdael bedeutet Landschaft nicht die Natur als reine Natur, sondern als sinnerfüllte Natur, in der sich das menschliche Leben widerspiegelt.

Erst im 18. Jahrhundert hielten reisende Künstler ganz gezielt topographische Ansichten fest, um, einem Reiseführer gleich, anderen Menschen die Sehenswürdigkeiten des Landes zu vermitteln. Das Reisen, lange Zeit nur den Adeligen vorbehalten, war nun auch dem einfachen Bürger möglich geworden.

Im 19. Jahrhundert nahm die Landschaftsmalerei schon bald einen größeren Platz als die Genremalerei ein. Dennoch galt die reine Vedute bis zur Mitte des 19. Jahrhunderts als die niedrigste Form der Landschaftsmalerei und wurde im Akademiebetrieb nur gering geschätzt. Die Düsseldorfer Malerschule forderte deshalb ideale und schöne Landschaften, die nicht der Realität entsprechen mußten. Der Sinn der Landschaftsmalerei lag im damaligen Verständnis nicht in der Authentizität einer Landschaft. Vielmehr sollte die in der Malerei geschaffene Natur eine Widerspiegelung menschlicher Emotionen und Wünsche sein. Dazu fertigten die Künstler Studien in der Natur an, nach denen dann im Atelier Landschaftskompositionen geschaffen wurden.

Während im 18. Jahrhundert noch Italien, besonders Rom, im vordergründigen Interesse der Künstler stand, entdeckten die Landschafter des 19. Jahrhunderts auch nationale Landschaften für sich und ihre Kunst. Gleichzeitig wuchs das Interesse an der Gestaltung natürlicher Landschaftskulissen. Einzelne deutsche Landschaften treten zu verschiedenen Zeiten in den Blickpunkt künstlerischen Gestaltens. Romantik, Biedermeier, realistische Tendenzen des 19. Jahrhunderts rücken jeweils neue geographische Regionen in das Bewußtsein der Künstler. So sehen wir, wie etwa der Harz oder die Ostsee zu anderer Zeit eine „Entdeckung“ erfuhr, als beispielsweise Westfalen oder der Niederrhein.

Bei der Darstellung westfälischer Landschaften im anschließenden Kapitel sollte zunächst ein zeitlicher Rahmen von den frühen Beispielen etwa eines Jacob van Ruisdael bis hin zur klassischen Moderne abgesteckt werden. Weiterhin schien es dem Autor wichtig, neben bekannten Künstlern wie Achenbach und Modersohn auch weniger bedeutende Maler mit ihren deshalb nicht weniger reizvollen Arbeiten vorzustellen. In diese Reihe der fast vergessenen Künstler gehören beispielsweise Theobald von Oer und W. H. Rudolph. Bei der Betrachtung der in das Buch aufgenommenen Landschaften fällt auf, daß das Land Westfalen in bezug auf seine Darstellung meist an „auswärtige“ Künstler geknüpft ist, während viele der in Westfalen geborenen Maler nicht in ihrer Heimat oder über-

haupt als Gestalter westfälischer Motive auftreten. Eine Ausnahme unter diesen sind Heinrich Deiters, Alexander Michelis und Friedrich Heunert. Sie sind einige der wenigen westfälischen Maler des 19. Jahrhunderts, die auch oder bevorzugt westfälische Landschaften in ihren Gemälden festhielten. Dagegen zeigen sich Alfred Erbslöh und Christian Rohlfs als zwei Vertreter einer großen Gruppe von Künstlern, die nicht aus Westfalen stammen und dennoch in ihrem Werk das Land zu einem eigenen Thema gemacht haben. Besonders die moderne Malerei entdeckte Westfalen für sich.
In Westfalen lag der Schwerpunkt bei der Darstellung von Ansichten lange Zeit auf der reinen Landschaftswiedergabe. Diese trug erst allmählich mit der vorsichtigen Aufnahme von Industriebauten in die Darstellung der fortschreitenden Industrialisierung Rechnung. Eine große Bedeutung bei der Entstehung des Industriebildes spielt das Verhältnis von Landschaft und industriellen Gebäuden innerhalb der Darstellung. Zunächst erscheinen nur in der Stadtkrone im Hintergrund Elemente industrieller Architektur, wie etwa winzige Schornsteine in Heinrich Tilmanns „Hohenlimburg an der Lenne“. Später werden diese allmählich zu festen Bestandteilen der Silhouette und treten dann sogar in Konkurrenz zu den Kirchtürmen, um sie gewissermaßen als Symbole der Zeit zu ersetzen. Der nächste Schritt in der Entwicklung der Industriebilder ist die Schilderung der Randbebauung durch größere Fabrikgebäude, die ähnlich der Versatzstaffage früherer Zeiten, wie Bäume und Sträucher, auftreten. Im vorliegenden Beispiel, der Stadtansicht „Rheine von Norden“ von Carl Weddige, sind die industriellen Anlagen noch an den Bildrand gerückt und dabei wohl für darstellungswürdig erachtet, aber noch nicht als bildbestimmendes Element anerkannt. Dieser Anspruch erfüllt sich erst in den reinen Industriebildern des fortgeschrittenen 19. Jahrhunderts, die im vorliegenden Buch jedoch keine Berücksichtigung finden.

Martina Wirsig

Das Dorf des „Landschaft mit Dorf“ bezeichneten kleinen Bildes Jacob van Ruisdaels erweist sich bei genauerer Betrachtung als eine mehrteilige Gebäudegruppe mit Türmen und Mauern. Davor gruppieren sich weitere, langgestreckte Häuser, eines davon mit spitzem Türmchen. Es handelt sich also hierbei nicht, wie zunächst vermutet, um ein Dorf. Jacob van Ruisdael porträtierte in seiner Ansicht die wehrhafte und geräumige Schloßanlage des Schlosses Steinfurt, im Besitz der Fürsten zu Bentheim und Steinfurt, von Nordwesten.
Ruisdael hielt sich auf seiner Wanderschaft im deutsch-niederländischen Grenzgebiet 1649/50 längere Zeit in der Bentheimer Gegend auf. Die Tatsache, daß der Vater seines Reisebegleiters Claes Berchem, Pieter Claez, in Steinfurt geboren war, könnte Anlaß dieses Besuches in Steinfurt gewesen sein.

Jacob van Ruisdael (um 1629 – 1682)
Landschaft mit Dorf (**Schloß Steinfurt**), um 1650

Das Schloß Bentheim hat Ruisdael auf seiner Wanderung durch das Bentheimer Land in besonderer Weise fasziniert. Es sind mehr als zehn Varianten dieses Themas bekannt. Abweichend von den tatsächlichen Gegebenheiten verlegt er jedoch das Schloß auf einen hohen Berg und kombiniert es mit einem real nicht existierenden Wasserfall. Ruisdael ging es nicht um die bloße Wiedergabe der Natur, sondern um die Darstellung einer sinnerfüllten Natur, in der sich das menschliche Leben widerspiegelt. So ist der Fluß mit dem Wasserfall eine Metapher des Lebensflusses. Das Schloß auf dem Berg steht als Symbol für Prunk, dem die Vergänglichkeit alles Irdischen gegenüberzusetzen ist. Dieser Dualismus von naturgetreuer Wirklichkeitsschilderung und Sinngebung ist ein Element der holländischen Malerei des 17. Jahrhunderts.

Jacob van Ruisdael (um 1629 – 1682)
Schloß Bentheim

Vom Vordergrund führt ein Weg mit reicher Staffage – Wagen, Berittener, Fußgänger – in die Tiefe. Am linken Bildrand steht ein strohgedecktes Haus in westfälischer Bauweise. Die Bildmitte wird von einer mächtigen Eiche beherrscht. Im rechten Bildteil gewährt der Künstler einen Ausblick in flaches Gelände mit einem Hünengrab im Hintergrund. Zusammen mit den schweren Wolken steht dieses topographische Element für die Vergänglichkeit, während der kräftige Baum allen Widrigkeiten des Lebens zu trotzen scheint. Die Natur ist wieder einmal als Spiegel des menschlichen Lebens eingesetzt. Der aus dem Umkreis von Jacob van Ruisdael stammende Künstler beläßt es in diesem Bild nicht bei der naturgetreuen Darstellung. Wie Jacob van Ruisdael überhöht er die Wirklichkeit und formt sie nach seinen Vorstellungen um.

Nach Jacob von Ruisdael, **Westfälische Landschaft mit Hünengrab**

Diese frühe „Porträtlandschaft" Friedrich Heunerts zeigt einen Blick in das sommerliche Lennetal bei Hohensyburg, deren Turm auf der Höhe im Hintergrund schwach zu erkennen ist. Auf dem gleichen Höhenzug läßt sich etwas unterhalb der Turm der Peterskirche erahnen. Am rechten Bildrand erscheint die Kirche von Elsey, dahinter auf der Höhe liegen Dorf, Kirche und Burgruine von Berchem. Trotz des von ihm bevorzugten kleinen Bildformates ist es Heunert gelungen, die großartige Weite der Landschaft darzustellen. Der im Vordergrund noch düster wirkende bewölkte Himmel löst sich in der Ferne auf und verleiht der Szenerie eine freundliche Sonntagnachmittagstimmung, wie sie für die Werke der frühen Düsseldorfer Malerschule nicht ungewöhnlich ist.

Friedrich Heunert (1808 – 1876)
Deutsche Landschaft (Lennetal bei Hohensyburg) um 1836/40

Einen malerischen Ausblick auf das weite Ruhrtal bietet die Ruine der hochgelegenen Burg Blankenstein, die Graf Adolf I. von der Mark 1226/27 errichten ließ. Aus dem 13. Jahrhundert stammt auch noch der Stumpf des kantigen Torturmes, der am rechten Bildrand erkennbar ist. Der genaue Standpunkt des englischen Malers ist eine noch erhaltene Gartenanlage des Biedermeier, der Bethmannsche Garten, der um 1800 von dem damaligen Bürgermeister C. F. Bethmann angelegt worden war. Von dort blickt der Künstler auf den „schönsten Punkt des Ruhrtales“, wie schon 1854 der Baedecker verspricht. Fein beobachtete Naturstudien lassen den Maler eine endlos scheinende Aussicht in das grüne, breite Ruhrtal schaffen. Der Vordergrund ist liebevoll ausgestaltet mit zwei Staffagefiguren.

William Heaton Rudolph (1807/08 – 1867)
Das Ruhrtal bei Blankenstein, um 1840

Der Hohenlimburger Künstler H. A. Tilmann verbrachte den größten Teil seines Lebens in seinem Heimatstädtchen. Das Motiv von Hohenlimburg wiederholte er mehrmals auf Wunsch unterschiedlicher Auftraggeber. Als Erinnerungsbild an die friedliche, auf einem Berg gelegene Stadt sollte es wohl nur die ungebrochene Schönheit der Natur verkörpern. Die sich bereits ankündigende Industrialisierung wollte Tilmann in seinen Ansichten Hohenlimburgs ausgeblendet wissen. Lediglich im Hintergrund sind Schlote in winzigem Format erkennbar. Und die seit 1830 bestehende Nettmannsche Tuchfabrik rückt in seiner Darstellung des „westfälischen Heidelberg“ an den Rand, ähnlich den Versatzstücken der früheren Landschaftsmalerei in Form von Bäumen und Sträuchern.

Heinrich Arnold Tilmann (1820 – 1913)
Hohenlimburg an der Lenne, um 1850

Das hier gezeigte Sujet, ein dichter Eichen- und Buchenwald in Verbindung mit einem mehr oder weniger ruinösen Gehöft gehört zu den vom Künstler bevorzugten Motiven. Es verrät den Einfluß der Düsseldorfer Schirmerschule, sowie Anregungen von Andreas Achenbach, mit dem Michelis oft Wanderungen unternahm. Die einfachen Bildinhalte, wie das von einem riesigen Baum fast verdeckte westfälische Bauernhaus, vor dem eine Frau ihr Kind auf ein Pferd setzt, haben nicht den Anspruch, über ihren reinen Informationswert hinaus Stimmungen zu erzeugen oder einen tieferen Sinngehalt zu verdeutlichen. Allein schon die Darstellung seiner Baumstaffage rechtfertigt es, Alexander Michelis als einen in der Tradition der niederländischen Landschaftsmalerei des 17. Jahrhunderts stehenden Künstler zu rühmen.

Alexander Michelis (1823 – 1868)
Westfälische Landschaft mit Kotten, 1850

Die Farblithographie entstand nach einer Vorlage Carl Schlickums, die dieser 1839 für das Buch „Das malerische und romantische Westfalen" angefertigt hatte. Die Porta Westfalica gehört wohl zu einer der schönsten und eindrucksvollsten Naturlandschaften Westfalens. An dieser Stelle durchbricht die Weser das Mittelgebirge mit dem Wittekinds- und Jakobsberg rechts und links des Flusses und schlängelt sich in breiten Windungen in die norddeutsche Tiefebene. Im Hintergrund erscheint die Silhouette Mindens, im Vordergrund erkennbar die Fachwerkhäuser der Ackerbürgersiedlung Hausberge. Das fruchtbare Flußtal wurde im Nebenerwerb von Handwerkern bestellt, die auf diese Weise und durch Tierhaltung, wie im Vordergrund der Ansicht zu erkennen, ihr Einkommen zu verbessern suchten. In der zweiten Hälfte des 19. Jahrhunderts dehnte sich der Marktflecken Hausberge bereits bis in die Seitentäler aus, um heute zusammen mit anderen kleinen Ansiedlungen die Stadt Porta Westfalica zu bilden.

Ferdinand von Laer
Minden und die Porta Westfalica, um 1850

Der gelernte Lithograph und Illustrator Otto Speckter begann erst spät mit der Malerei und läßt in seinem Werk das Vorbild Otto Runges erkennen.
Dominierend, da nahezu die gesamte Bildfläche einnehmend, ragen die fünf Sandsteinfelsen, deren Bedeutung einer vorgeschichtlich heidnischen Kultstätte entstammt, steil im Tal zwischen Bärenstein und Knickenhagen bei Horn (Kreis Detmold) empor. Das Abdinghofkloster Paderborn wandelte sie als ihr Besitzer durch Errichtung von Kapellen zu einer Nachbildung der Heiligen Stätten in Jerusalem um. Speckters Gemälde zeigt eine Gruppe von sechs Personen, die sich unter einem aus dem Fels gehauenen Monumentalrelief der Kreuzabnahme einfindet. Für den Künstler steht jedoch nicht die Darstellung dieses bekannten Werkes der deutschen Großplastik um 1130 im Vordergrund, sondern allein die Wiedergabe einer landschaftlichen Besonderheit wie die Externsteine.

Otto Speckter (1807 – 1871)
Externsteine, 1851

Für den Bau der Westfälischen Eisenbahn von Paderborn nach Warburg über Altenbeken war die Errichtung mehrerer Viadukte nötig, da zahlreiche Gebirgszüge und Täler überwunden werden mußten. Der größte dieser Viadukte ist der Bekeviadukt bei Altenbeken, dessen Grundsteinlegung am 8. Juli 1851 erfolgte. Dieses gewaltige Bauwerk, noch heute ein Wahrzeichen des Eggedorfes Altenbeken, überspannt mit 24 Bogenöffnungen das Beketal. Nach ihrer Fertigstellung wurde die formschöne Brücke am 21. Juli 1853 durch König Friedrich Wilhelm IV. eröffnet. Anläßlich dieses Feieraktes schenkte der König dem Vorsitzenden der Westfälischen Eisenbahngesellschaft, Wilhelm Henz, das Ölgemälde mit der Darstellung des Viadukts, eingebettet in die unberührte Landschaft der damaligen Zeit.

Maler unbekannt
Eisenbahnviadukt bei Altenbeken, 1853

Das Bild des in der Düsseldorfer Akademie geschulten Künstlers Carl Weddige war ein Geschenk an seinen Bruder Louis Weddige anläßlich dessen Hochzeit.
Ein hoher Betrachterstandpunkt, 300 m südöstlich der Nepomukbrücke, zeigt die Altstadt Rheines vom östlichen Emsufer aus. Das rechte Emsufer läßt am Bildrand ein Bleichhäuschen und die Villen Veltmann und Rettenbacher-Timmermann erkennen. Am linken Bildrand erscheinen die noch eingerüsteten Neubauten der Sträterschen „Weißen Villa" und des Mathias-Spitals, daneben sichtbar das Münstertor sowie Reste der mittelalterlichen Stadtmauer. Auf der Wiese links im Bild ist die alte Flachsbleiche erkennbar. Der rauchende Schlot der ersten 1844 in Rheine erbauten Textilfabrik von C. Kümpers und Timmermann verweist schon auf die industrielle Bedeutung der Stadt. In dieser Ansicht betont Weddige besonders die kaufmännische Seite seiner Heimatstadt mit dem regen Verkehr von Emspünten und Flößen auf dem Fluß, der Wasserstraße und Handelsplatz zugleich ist.

Carl Weddige (1815 – 1862)
Rheine von Norden, 1853

Das Gegenstück des Hochzeitsgeschenkes Carl Weddiges an seinen Bruder Louis zeigt ein eher sonntägliches Gesicht der Stadt. Die Altstadt auf dem rechten Emsufer, vom östlichen Ufer 300 Meter nördlich des Wehres gesehen, erstreckt sich von der Emsbrücke bis zur Mühle. Im Hintergrund erkennbar die St. Dionysius-Pfarrkirche und der Falkenhof. Am linken Bildrand erscheint im Vordergrund der städtische Kalkofen auf den Klippen des Emsdurchbruches als Zeichen des alten von Handwerk geprägten Rheine. Dahinter erhebt sich die 1846 erbaute Baumwollspinnerei, Ausdruck einer durch Unternehmer neu geschaffenen Industriewelt. Ihre Plazierung an den äußersten Bildrand zeigt, daß die industriellen Anlagen zwar schon für darstellungswürdig, aber noch nicht für bildbestimmend erachtet werden. Einen zweiten Gegensatz zeigt die Wiedergabe der Staffage: der Spaziergang einer wohlhabenden Familie als Pendant zum Treiben der kleinen Leute, wie etwa das der beiden trinkenden Rheiner Originale neben dem alten städtischen Kalkbrenner im Vordergrund.

Carl Weddige (1815 – 1862)
Rheine von Süden, 1853

Das Gemälde zeigt die im Tal des lippischen Silberbaches gelegene Mühle, deren Mühlrad seit 1711 vom Wasser des Silberbaches angetrieben wurde. Ihren Namen erhielt die Mühle von der seit 1710 betriebenen Suche nach Silbererz, die aber erfolglos blieb. Das zur Verarbeitung des zu erwartenden Erzes bereits errichtete Packhaus wurde 1711 in die Mühle umfunktioniert. Im Unterschied zu Bannmühlen handelte es sich bei der Silbermühle um eine freie Mühle ohne Mahlzwang, mit dem Nachteil, daß es keinem Pächter gelang sich im Silberbachtal eine Existenz aufzubauen. So wurde 1895 in der ehemaligen Mühle eine Gastwirtschaft eingerichtet, die noch heute zu einem der meistbesuchtesten Ausflugsziele im südlichen Teutoburger Wald zählt.
Theodor Müllers Darstellung erfüllt den Anspruch, dem reisebegeisterten Menschen des 19. Jahrhunderts landschaftliche Besonderheiten nahezubringen.

Theodor Müller
Die Silbermühle bei Horn, um 1860

Das von einem starken Stimmungsgehalt geprägte Bild stellt einen Höhepunkt im künstlerischen Schaffen Ludwig Menkes dar. Es zeigt den Wandel in der Einstellung der Menschen zu dieser Landschaft.
Wurde die Senne zuvor als traurige Natur mit öden Heideflächen abgelehnt, so entdeckte man in der zweiten Hälfte des 19. Jahrhunderts auch ihre Schönheit in ihrer Stille und in ihren Farben.
Bis zum Himmelsrand in seinen fein abgestuften Farbtönen hin zum strahlenden Blau dehnt sich in Menkes Gemälde die rote Heidelandschaft mit ihren weißen Sandwellen aus.
Inmitten dieser unendlich scheinenden Natur zieht einsam und verlassen ein Schäfer mit seiner Herde dahin.

Ludwig Menke (1822 – 1882)
Die Senne, 1865

Das Motiv der Wassermühle als zentrales Bildthema findet sich im Werk Andreas Achenbachs seit den sechziger Jahren des 19. Jahrhunderts vermehrt dargestellt. Ausgehend von realistischen Beobachtungen vor der Natur kompiliert der Künstler hier ein einfaches Sujet mit einer dramatischen Gewitterstimmung, um so den Effekten von Licht und Schatten malerisch eine größere Bedeutung zu verleihen. Bereichert wird das schlichte Mühlenmotiv durch die regenschweren Gewitterwolken, den dichten Wald, dessen hohe Bäume im Mittelgrund versuchen, dem starken Wind zu trotzen, den schäumenden Wasserlauf und die knorrigen, abgeschlagenen Äste im Vordergrund. Mit diesem Gemälde steht Achenbach eindeutig unter dem Einfluß von Jacob van Ruisdael und Meindert Hobbemas und damit in der Tradition der niederländischen Landschaftsmalerei des 17. Jahrhunderts.

Andreas Achenbach (1815 – 1910)
Westfälische Mühle, 1867

Schloß Egelborg, um 1400 im Besitz der Herren von Billerbeck, gelangte 1670 durch Heirat an die Freiherren von Oer. Bei der Darstellung seines Elternhauses dominieren des Künstlers flotter, in breiter Technik geführter Pinselstrich und eine helle, leuchtende Farbgebung. Das Wasserschloß bildet mit dem Wassergraben und den umgebenden Bäumen eine Einheit mit seinen unterschiedlichen Licht- und Schattenreflexen. Seine naturalistische Malweise legt weniger Wert auf die konkreten Details der Natur, sondern ist in ihrer Unmittelbarkeit von der spontanen Seh- und Malweise der französischen Freilichtmalerei beeinflußt, die in den siebziger Jahren des 19. Jahrhunderts auch in Deutschland an der Düsseldorfer Akademie spürbar wird.

Theobald Rheinhold Freiherr von Oer (1807 – 1885)
Schloß Egelborg (bei Legden), um 1870

Auf einer Reise, die Otto Modersohn zusammen mit Mackensen im Jahre 1888 unternahm, entstanden Ansichten aus dem Paderborner Land. Gut zwei Wochen hielt sich Modersohn im Sommer dieses Jahres in der kleinen Stadt Delbrück auf. Hier malte er von zwei verschiedenen Standorten aus den Ortseingang. In dieser querformatigen Ansicht ist der ländliche Charakter des Städtchens durch bescheidene Fachwerkhäuser mit verbretterten Giebeln betont. Ein Planwagen im Vordergrund, sowie ein Erntewagen, der in die Bildtiefe hineinfährt, unterstreichen diesen Eindruck. Durch die Lichtregie des starken Sonneneinfalls von links wird der Blick des Betrachters auf die rechte Häuserzeile gelenkt. Wichtig bei dieser Darstellung ist die detailreiche Erfassung der beobachteten Wirklichkeit, ohne die leuchtende, frische Malerei dabei zu vernachlässigen.

Otto Modersohn (1865 – 1943)
Dorfstraße in Delbrück bei Paderborn, 1888

Die bekannten oder im Bildtitel überlieferten Arbeiten Deiters lassen in der Motivwahl eine bestimmte Richtung erkennen. In seinem Oeuvre dominieren Themen wie „Wassermühle aus dem Münsterland“, „Westfälische Landschaft“ und „Westfälisches Bauernhaus“. Der Künstler bemüht sich immer wieder, wie auch in diesem sehr großformatigen Gemälde, um die Darstellung des Landschaftscharakters Westfalens. Wichtig sind ihm realistische Manier und eine detaillierte Durchbildung des einzelnen Objektes. Dabei ist die Authentizität einer bestimmten Gegend nicht das Entscheidende. Wichtig für den sich an der Düsseldorfer Malerschule orientierenden Deiters war die Verwendung frei versetzbarer einzelner Bildelemente, die zwar realistisch wiedergegeben, jedoch nicht unbedingt als Gesamtansicht in der Natur so vorkommen mußten.

Heinrich Deiters (1840 – 1916)
Westfälische Landschaft mit Bauernhof und Schafherde, 1890

Von einem tiefem Betrachterstandpunkt aus nimmt die Lenne ihren Weg in die Raumtiefe des schmaler werdenden Tales auf eine Kirchturmsilhouette zu. Felsbrocken im Vordergrund, ein Fachwerkhaus und ein Vogelschwarm sind die einzigen auflockernden Elemente dieser düster wirkenden Naturszenerie. Auch der Hintergrund versinkt im Dunkel der kaum über die Grau-, Grün- und Braunpalette hinausgehenden Tonigkeit. Die verhangene Stimmung verstärkt Deiters noch mit Hilfe von gezielt eingesetzten künstlerischen Kompositionsmitteln: die Führung des Flusses in die Tiefe und die Weite des Vordergrundes im Verhältnis zu dem im Hintergrund sich teilweise mit steil abfallenden Felsen verengenden Lennetal.

Heinrich Deiters (1840 – 1916)
Lennetal, 1889

Im Frühjahr 1886 entdeckte Modersohn das Städtchen Tecklenburg für sich und seine Kunst. Diesem ersten Besuch bei seinem dort lebenden Bruder folgten weitere in den Jahren 1888, 1891 und 1892.
Die in Tecklenburg 1891/1892 entstandenen Landschaftsstudien zeigen mit ihren schweren dunklen Tönen und dem breiteren Pinselstrich bereits eine Abkehr von den Jugendwerken. Übertragbar auf diese Ansicht findet sich in Modersohn's Tagebuch eine Notiz, die seinen Standort erläutert, als er das gleiche Motiv im Frühling 1888 malt: „Von Krummacher's Garten gewährte das am Berg liegende Städtchen mit herrlicher Baumgruppe einen sehr schönen Anblick." Das Hochformat spiegelt Modersohns Faszination von der geschilderten Situation. Vorn die nun mit Schnee bedeckte Wiese, dann der Anstieg zu dem Stadtbild, in der Mitte der Turm der gotischen Pfarrkirche. Die roten Dächer der Bürgerhäuser vor dem Turm ebenfalls mit Schnee bedeckt.

Otto Modersohn (1865 – 1943)
Winter in Tecklenburg, 1892

Das Motiv des steil aufragenden Kegels hat Erbslöh häufig zu vergleichbaren Kompositionen inspiriert. Eine leicht nach rechts ansteigende Straße in der Bildmitte trennt den Berg von den unteren Formen, die als reflektierte Wiederkehr der oberen gedacht sind. Der hohe Rhombus, der durch die „Spiegelung" des Berges nach unten entsteht, ist in das Rechteck der Bildfläche eingespannt, unter Betonung der auf diese Weise entstandenen Zwickel. Die beiden oberen Ecken werden schwerpunktmäßig von Wolken gefüllt, während in der unteren rechten Ecke zwei Bäume und in der unteren linken Ecke hell belichtete Partien erscheinen. Das Gemälde ist ein prägnantes Beispiel für die Systematik, mit der Erbslöh seine Flächenrhythmik betrieb.

Alfred Erbslöh (1881 – 1947)
Desenberg, 1915

Verzeichnis der Künstler und Abbildungen

11

Franz Richard Unterberger (1838 – 1902)
Die goldene Meile. Der Rhein bei Remagen mit Apollinariskirche
Öl auf Leinwand
88 x 133 cm
Rheinisches Landesmuseum, Bonn

13

Ernst Fries (1801 – 1833)
Ruine Drachenfels, 1821
Tuschzeichnung
31,7 x 42,7 cm
Kölnisches Stadt Museum

15

Oswald Achenbach (1827 – 1905)
Blick auf Bonn, 1888
Öl auf Leinwand
100 x 74 cm
Sig. und datiert: OSW. Achenbach
Kunstmuseum Düsseldorf im Ehrenhof

17

A. Reuter (Mitte bis Ende 18. Jh.)
Schwarzrheindorf
Gouache auf Papier
46,5 x 64,0 cm
Sig. und dat.: (ligiert) fec. 1795 N° 92
Privatbesitz

19

Südniederländischer Meister
Martyrium der hl. Ursula vor der Stadtansicht von Köln, um 1500
Öl auf Holz
56 x 68,5 cm
Kölnisches Stadt Museum

21

Caspar Scheuren (1810 – 1887)
Altenberg
Aquarell auf Papier
20,7 x 28 cm
Kölnisches Stadt Museum

23

Adolf Erbslöh (1881 – 1947)
Schwebebahn in Wuppertal, 1912
Öl auf Pappe
50,5 x 61 cm
Sig.: A. Erbslöh 12
Kunsthalle Bremen

25

Josef Kohlschein (1884 – 1958)
Zons
75 x 115 cm
Sig.: J. Kohlschein d. J.
Galerie Offelder, Neuss

27

Edward T. Compton (1849 – 1921)
Das Quirinus-Münster zu Neuss
Aquarell auf Papier
8,8 x 12,0 cm
Clemens-Sels-Museum, Neuss

29

Carl Hilgers (1818 – 1890)
Gerresheim, 1881
Öl auf Leinwand
35 x 48,5 cm
Sig. und dat.: C. Hilgers 81
Galerie Paffrath, Düsseldorf

31

Andreas Achenbach (1815 – 1910)
Am Kohlentor, 1879
Öl auf Leinwand
67 x 100 cm
Sig. und dat.: A. Achenbach 79
Galerie Paffrath, Düsseldorf

33

Johannes Gehrts (1855 – 1921)
Promenade am Rheinufer, 1920
Aquarell auf Papier
22 x 30 cm
Sig. und dat.: Joh. Gehrts 20
Galerie Paffrath, Düsseldorf

35

Wilhelm Schreuer (1866 – 1933)
Blick auf Düsseldorf
Mischtechnik auf Papier
66 x 92,5 cm
Sig.: W. S.
Galerie Paffrath, Düsseldorf

37

Gottfried Johann G. Pulian (1809 – 1875)
Blick auf Mönchengladbach von Süden, 1856
Öl auf Leinwand
43 x 70,5 cm
Sig. und dat.: Pulian 1856
Dauerleihgabe des Städtischen Museums Abteiberg im Städtischen Museum Schloß Rheydt

39

Max Clarenbach (1880 – 1952)
Winterlandschaft bei Wittlaer, 1909
Öl auf Leinwand
70 x 90 cm
Sig.: M. Clarenbach 09 Wittlaer
Museum Ludwig, Köln

41

Robert Gerstenkorn (1877 – 1965)
Duisburger Hafen, 1955
Öl auf Leinwand
99 x 85 cm
Justizministerium von Nordrhein-Westfalen, Düsseldorf

43

Helmut Liesegang (1858 – 1945)
Altwasser am Niederrhein, 1899
Öl auf Leinwand
121 x 187 cm
Kunstmuseum Düsseldorf im Ehrenhof

45

Johann Wilhelm Schirmer (1807 – 1863)
Gewittrige Sumpflandschaft, um 1853
Öl auf Leinwand
26 x 37,5 cm
Stadtverwaltung Jülich

47

Helmut Liesegang (1858 – 1945)
Schafherde am Niederrhein
Öl auf Leinwand
60 x 80 cm
Sig.: H. Liesegang
Galerie Paffrath, Düsseldorf

49

Fritz Köhler (1887 – 1972)
Niederrhein
Öl auf Leinwand
60,5 x 80,5 cm
Sig.: Fritz Köhler, D'dorf
Galerie Paffrath, Düsseldorf

51

Wilhelm Lommen (1839 – 1895)
Überschwemmung am Niederrhein, 1878
Öl auf Leinwand
69 x 111,5 cm
Sig. und dat.: W. Lommen 78
Galerie Paffrath, Düsseldorf

53

Johann Bernard Klombeck (1815 – 1893)
Blick auf Kleve vom Klever Berg, 1841
Öl auf Holz
28 x 35 cm
Sig. und dat.: J. B. Klombeck 1841
Städtisches Museum Haus Koekkoek, Kleve

57

Jacob van Ruisdael (um 1629 – 1682)
Landschaft mit Dorf (Schloß Steinfurt), um 1650
Öl auf Leinwand
72 x 89 cm
Sig.: JV Ruisdael (JVR in Ligatur)
Wallace Collection, London

59

Jacob van Ruisdael (um 1629 – 1682)
Schloß Bentheim
Öl auf Holz
55 x 83,5 cm
Sig.: J. Ruisdael
Staatliche Kunstsammlung Dresden,
Gemäldegalerie Alter Meister

61

Nach Jacob von Ruisdael
Westfälische Landschaft mit Hünengrab
Öl auf Leinwand
64,5 x 75 cm
Sig.: JvR (ligiert)
Rheinisches Landesmuseum, Bonn

63

Friedrich Heunert (1808 – 1876)
Deutsche Landschaft (Lennetal bei Hohensyburg) um 1836/40
Öl auf Holz
29,5 x 45,5 cm
Kunstmuseum Düsseldorf im Ehrenhof

65

William Heaton Rudolph (1807/08 – 1867)
Das Ruhrtal bei Blankenstein, um 1840
Öl auf Leinwand
41 x 57,5 cm
Sig.: W. H. Rudolph, Cleve
Museum für Kunst und Kulturgeschichte der Stadt Dortmund

67

Heinrich Arnold Tilmann (1820 – 1913)
Hohenlimburg an der Lenne, um 1850
Öl auf Leinwand
43,4 x 63 cm (im Rahmen gemessen)
Westfälisches Landesmuseum für Kunst und Kulturgeschichte,
Münster

69

Alexander Michelis (1823 – 1868)
Westfälische Landschaft mit Kotten, 1850
Öl auf Leinwand
43,5 x 38 cm
Sig.: Alex. Michelis 50
Westfälisches Landesmuseum für Kunst und Kulturgeschichte, Dauerleihgabe des Westfälischen Kunstvereins, Münster

71

Ferdinand von Laer
Minden und die Porta Westfalica, um 1850
Farblithografie
31,3 x 43,7 cm
Westfälisches Landesmuseum für Kunst und Kulturgeschichte, Münster

73

Otto Speckter (1807 – 1871)
Externsteine, 1851
Öl auf Leinwand
40,9 x 56,3 cm
Sig. und dat.: OS (ligiert) 1851
Westfälisches Landesmuseum für Kunst und Kulturgeschichte, Münster

75

Maler unbekannt
Eisenbahnviadukt bei Altenbeken, 1853
Öl auf Leinwand
78 x 109 cm
Gemeinde Altenbeken, Amtsverwaltung

77

Carl Weddige (1815 – 1862)
Rheine von Süden, 1853
Öl auf Leinwand
45 x 93,7 cm
Sig. und dat.: C. Weddige Rheinensis P. 1853
Privatbesitz

79

Carl Weddige (1815 – 1862)
Rheine von Norden, 1853
Öl auf Leinwand
45 x 93,7 cm
Sig. und dat.: C. Weddige Rheinensis P. 1853
Privatbesitz

81

Theodor Müller
Die Silbermühle bei Horn, um 1860
Öl auf Leinwand
34 x 23,5 cm
Sig. und dat.: T. H. Müller 1860
Lippisches Landesmuseum Detmold

83

Ludwig Menke (1822 – 1882)
Die Senne, 1865
Öl auf Leinwand
140 x 96 cm
Sig. und dat.: L. Menke 1865
Lippisches Landesmuseum Detmold

85

Andreas Achenbach (1815 – 1910)
Westfälische Mühle, 1867
Öl auf Leinwand
Sig. und dat.: A. Achenbach 1867
Privatbesitz

87

Theobald Rheinhold Freiherr von Oer (1807 – 1885)
Schloß Egelborg (bei Legden), um 1870
Öl auf Pappe
30 x 42,7 cm
Museum für Kunst und Kulturgeschichte der Stadt Dortmund

89

Otto Modersohn (1865 – 1943)
Dorfstraße in Delbrück bei Paderborn, 1888
Öl auf Pappe
28 x 33 cm
Sig. und dat.: OM 88
Kunsthalle Bremen

91

Heinrich Deiters (1840 – 1916)
Westfälische Landschaft mit Bauernhof und Schafherde, 1890
Öl auf Leinwand
126 x 190 cm
Sig. und dat.: H. Deiters 90
Westfälisches Landesmuseum für Kunst und Kulturgeschichte,
Dauerleihgabe des Westfälischen Kunstvereins, Münster

93

Heinrich Deiters (1840 – 1916)
Lennetal, 1889
Öl auf Leinwand
62 x 93 cm
Sig. und dat.: H. Deiters (verbunden) 89
Westfälisches Landesmuseum für Kunst und Kulturgeschichte,
Münster

95

Otto Modersohn (1865 – 1943)
Winter in Tecklenburg, 1892
Öl auf Leinwand
74,5 x 55 cm
Sig. und dat.: Otto Modersohn 92
Kreis Steinfurt, Tecklenburg

97

Alfred Erbslöh (1881 – 1947)
Desenberg, 1915
Öl auf Leinwand
74,5 x 60,5 cm
Sig.: A. Erbslöh. 15
Westfälisches Landesmuseum für Kunst und Kulturgeschichte,
Münster

Anmerkungen

(Einleitung von Max Tauch)

1 Wilhelm Herchenbach, Der Rhein. 1. Teil: Von der holländischen Grenze bis Cöln, Regensburg 1877, S. 5
2 Hermann Platz, Um Rhein und Abendland, Burg Rothenfels am Rhein 1924, S. 13.
3 Zitiert nach Hermann Claasen, Das Ende. Kriegszerstörungen im Rheinland, Köln 1983, S. 11.
4 Zitiert nach Johann Jakob Hässlin, Rheinfahrt, 2. Aufl. München 1969, S. 230.
5 John P. Seddon, Rambles in the Rhine Provinces, London 1878, S. 29–33.
6 Aloys Schreiber, Taschenbuch für Reisende am Rhein von Mainz bis Düsseldorf, Heidelberg 1821, S. 165.
7 Rheinisches Jahrbuch für Kunst und Poesie, 1. Jhg., Köln 1840, S. 227.
8 Erich Bockemühl, Dies ist das Land..., in: Arnold Mock, Du bist mein Land, Duisburg 1964, S. 5.

Abbildungsnachweis

Clemens-Sels-Museum, Neuss S. 27
Eslage & Voß GmbH, Mettingen S. 95
Falkenhof-Museum Rheine S. 77, 79
Walter Klein, Düsseldorf S. 17, 29, 31, 33, 35, 41, 47, 49, 51, 85
Kölnisches Stadt Museum S. 13, 19, 21
Kunsthalle Bremen (© VG Bild-Kunst, Bonn 1992) S. 23, 89
Kunstmuseum Düsseldorf im Ehrenhof S. 15, 43, 63
Lippisches Landesmuseum Detmold S. 81, 83
Museum für Kunst und Kulturgeschichte der Stadt Dortmund S. 65, 87
Galerie Offelder, Neuss S. 25
Rheinisches Bildarchiv Köln S. 39
Rheinisches Landesmuseum, Bonn S. 11, 61
Staatliche Kunstsammlung Dresden, Gemäldegalerie Alter Meister S. 59
Städtisches Museum Haus Koekkoek, Kleve S. 53
Städtisches Museum Schloß Rheydt, Mönchengladbach S. 37
Stadtverwaltung Jülich S. 45
Visuelle Kommunikation, Günter Schlottmann, Paderborn S. 75
Wallace Collection, London (Reproduziert mit der Genehmigung der Treuhandverwalter der Wallace Collection) S. 57
Westfälisches Landesmuseum für Kunst und Kulturgeschichte, Münster S. 67, 69, 71, 73, 91, 93, 97

Dr. Martina Wirsig

Geboren in Münster/Westfalen. Studium der Kunstgeschichte, klassischen Archäologie und Volkskunde an der Westfälischen-Wilhelms-Universität in Münster. Promotion bei Prof. Dr. Georg Kaufmann über den Westfälischen Landschaftsmaler Heinrich Funk.
Zwei Jahre tätig am Westfälischen Landesmuseum für Kunst und Kulturgeschichte in Münster für das Projekt „Westfalia Picta". Anschließend zweijährige Beschäftigung beim Dezernat Städtebau, Abteilung Denkmalschutz, des Regierungspräsidenten in Münster.

Dr. Max Tauch

Geboren 1935 in Opladen. Studium der Kunstgeschichte, Archäologie und Kirchengeschichte in Bonn, Wien und Berlin. Promotion bei Heinrich Lützeler mit einem Thema zur Kunst des Barock.
Bereits während des Studiums Aushilfstätigkeit am Rheinischen Landesmuseum Bonn. 1967 bis 1974 am Kölnischen Stadtmuseum, zunächst als Volontär, wissenschaftlicher Assistent und wissenschaftlicher Referent, 1971 als Kustos. Ab 1974 an das im Um- und Neubau befindliche Neusser Museum berufen. Oberkustos, seit 1985 Museumsdirektor. Lehrauftrag im Fach „Didaktik der Geschichte" an der Universität Düsseldorf.
Sein wissenschaftliches Interesse gilt der rheinischen Kunst- und Kulturgeschichte, über die er zahlreiche Veröffentlichungen vorlegte, sein Engagement dem Museum und allen damit verbundenen Sachfragen.